www.ingramcontent.com/pod-product-compliance
Lightning Source LLC
LaVergne TN
LVHW010612070526
838199LV00063BA/5147
9789358720549

آج کے نغمے

کل کے شعلے

(شاعری)

مصنف:

عظیم قریشی

© Taemeer Publications
Aaj ke Naghme Kal ke Sholay *(Poetry)*
by: Azeem Quraishi
Edition: June '2023
Publisher & Printer:
Taemeer Publications, Hyderabad.

ISBN 978-93-5872-054-9

مصنف یا ناشر کی پیشگی اجازت کے بغیر اس کتاب کا کوئی بھی حصہ کسی بھی شکل میں بشمول ویب سائٹ پر اَپ لوڈنگ کے لیے استعمال نہ کیا جائے۔ نیز اس کتاب پر کسی بھی قسم کے تنازع کو نمٹانے کا اختیار صرف حیدرآباد (تلنگانہ) کی عدلیہ کو ہوگا۔

© تعمیر پبلی کیشنز

کتاب	:	**آج کے نغمے کل کے شعلے** (شاعری)
مصنف	:	**عظیم قریشی**
صنف	:	شاعری
ناشر	:	تعمیر پبلی کیشنز (حیدرآباد، انڈیا)
زیر اہتمام	:	تعمیر ویب ڈیولپمنٹ، حیدرآباد
سالِ اشاعت	:	۲۰۲۳ء
تعداد	:	(پرنٹ آن ڈیمانڈ)
طابع	:	تعمیر پبلی کیشنز، حیدرآباد - ۲۴
صفحات	:	۶۶
سرورق ڈیزائن	:	تعمیر ویب ڈیزائن

اِنتساب

والدِ مرحوم

احسن قریشی قدس سرہٗ

کے

نام

عظیم قریشی

فہرس
آج کے نغمے

١	حسین ابن علی	١٨
٢	دوام میرا ہے	١٩
٣	خدا	٢٠
٤	عقیدت	٢١
٥	اقبال	٢٢
٦	شاعر اور عورت	٢٣
٧	ریت اور انگڑائی	٢٤
٨	بہترین موضوع	٢٥
٩	دوگانہ	٢٦
١٠	اختر شیرانی	٢٧

۲۸	میری محبوبہ	۱۱
۲۹	ایک مختصر نظم	۱۲
۳۰	ماں	۱۳
۳۱	لاشعور	۱۴
۳۲	گمنامی	۱۵
۳۳	تاج	۱۶
۳۴	نابغہ	۱۷
۳۵	تلخّابہ	۱۸
۳۷	دو شہہ کار	۱۹
۳۸	کچھ اور مختصر نظمیں	۲۰
۳۹	جِلا وطن	۲۱
۴۰	میرا جی	۲۲
۴۱	نرس	۲۳

۴۲	دِق	۲۴
۴۳	مشابہت	۲۵
۴۴	پسپائی	۲۶
۴۶	ایک نظم	۲۷
۴۷	دو دوہے	۲۸
۴۸	آدم کا شکوہ	۲۹
۵۲	بچے کا گیت	۳۰

کل کے شعلے

۵۵	لینن	۳۱
۵۶	تفاوت	۳۲
۵۷	دوگانہ	۳۳
۵۹	ارتقاء	۳۴

۶۱	خون	۳۵
۶۲	بدلتے رجحان	۳۶
۶۳	ایٹم	۳۷
۶۴	آدم اب بے باک ہوا ہے	۳۸
۶۵	میرے فن کار	۳۹
۶۶	پرولتاری	۴۰

دیباچہ!

ٹی ایس ایلیٹ نے جدید تنقید کے بارے میں یہ لکھا ہے کہ اپنے دامن میں وسعت پیدا کرنا آج اس کا سب سے اہم رُجحان ہے۔ یہ بات جدید اُردو شاعری پر بھی صادر آتی ہے۔ گذشتہ بیس پچیس سالوں میں اس کا سب سے اہم رُجحان یہی رہا ہے۔ کہ اس نے اپنے دامن کو زیادہ سے زیادہ وسیع کیا ہے۔ زندگی کے مختلف النوع مسائل اور حالات دواقعات کو اپنا موضوع بنایا ہے نت نئی باتوں کو اپنے دامن میں جگہ دی ہے۔ اور اسی کے ساتھ ساتھ اظہار کے نئے طریقوں کو پیدا کیا ہے۔ گویا موضوعات کی رنگا رنگی اور بوقلمونی کے ساتھ طرزِ ادا اور اندازِ بیان کے نئے سانچے بنائے ہیں۔ جدید اُردو شاعری کی یہ خصوصیت نت نئے اور رنگا رنگ تجربات کی مرہونِ منت ہے! دب اور

شاعری میں تجربات بڑی اہمیت رکھتے ہیں کیونکہ انہیں کے سہارے ادب معنوی اور صوری دونوں اعتبار سے تنوع کی خصوصیت سے ہمکنار ہوتا ہے۔

موضوع اور فن، مواد اور ہیئت کا تنوع جدید اُردو شاعری میں کچھ تو ماحول اور حالات و واقعات کے اثر سے آیا ہے۔ اور کچھ مختلف ممالک کے نئے ادبی رجحانات کے گہرے اثرات کا نتیجہ ہے۔

اُردو کے جدید شاعر زندگی کے مختلف پہلوؤں سے متاثر ہوئے ہیں اور ہو رہے ہیں۔ ماحول کی رنگا رنگی اور حالات کی بوقلمونی نے ان کے فن کو اک تنوع سے روشناس کیا ہے۔ اور ساتھ ہی ساتھ یہ شاعر پڑھے لکھے اور ہوشیار ہونے کے باعث مختلف ممالک کے ادبیات میں چلتی ہوئی مختلف تحریکوں سے بھی متاثر ہوئے ہیں۔ اور انہوں نے شعوری طور پر ان اثرات کو اپنی شاعری میں لانے کی کوشش کی ہے۔ نتیجہ یہ ہے کہ ان کی شاعری کا میدان بہت وسیع ہو گیا ہے۔ اس میں ان مخصوص حالات کی وجہ سے بڑی رنگا رنگی پیدا ہو گئی ہے۔ اور جدید اُردو شاعری میں ان رجحانات کے علم بردار صرف دو چار شاعر ہی نہیں ہیں بلکہ کم و بیش تمام جدید اُردو شاعروں کے یہاں ان خصوصیات کا پتہ چلتا ہے۔ جدید اُردو شاعر چاہے وہ پرانے ہوں یا نئے، بوڑھے ہوں یا جوان، اچھے ہوں یا برے سب کے سب اسی ایک راستے پر آج گامزن نظر آتے ہیں۔ اور یہ اُردو شاعری کے لئے ایک نیک فال ہے۔ کیونکہ اس طرح تجربات

کا سلسلہ جاری رہتا ہے۔ اور جب تک ادب و شعر میں تجربات ہوتے ہیں وُہ ارتقاء سے ہم آہنگ رہتا ہے۔

عظیم قریشی صاحب بھی جدید اُردو شاعروں میں سے ایک ہیں۔ ان کی نظمیں ملک کے مختلف رسائل میں شائع ہو چکی ہیں۔ ان کی منظومات کو دیکھ کر اِس رُجحان کا احساس سب سے پہلے ہوتا ہے جس کی وضاحت اُوپر کی گئی ہے۔ ان کی شاعری ایک تجربہ ہے موضوع اور فن، مواد اور ہیئت دونوں اعتبار سے۔ تجربے کی جو بنیادی خصوصیات ہوتی ہیں۔ وُہ ان کی شاعری میں بھی پائی جاتی ہیں۔ تجربہ میں توازن ذرا دیر میں پیدا ہوتا ہے۔ اُن کی شاعری چونکہ ایک تجربہ پہلے ہے۔ اس لئے اِس میں توازن کی خصوصیت پیدا ہوتے ہوتے ہوگی لیکن اسی میں اُن کی شاعری کی بڑائی ہے۔ کیونکہ اس طرح وُہ زندگی سے زیادہ قریب ہو جاتی ہے اور زندگی ظاہر ہے، ایک تجربہ ہے۔ ایک ایسا تجربہ جس میں ابتدائے آفرینش سے اِنسان مصروفِ کار رہا ہے۔ بلکہ یہ کہنا بے جا نہ ہوگا کہ اسی کے سہارے اُس نے زندہ رہنے کی کوشش کی ہے۔

یہ نظمیں زندگی کے مختلف موضوعات سے متعلق ہیں۔ اسی وجہ سے ان میں تنوع کی خصوصیت سب سے زیادہ نمایاں ہے۔ موضوع اور مواد کے اِس تنوّع نے فنی اعتبار سے بھی ان نظموں کو ایسا

تنوع سے ہم کنار کیا ہے جو اس بات پر دلالت کرتا ہے کہ مواد اور ہیئت دو علیحدہ چیزیں نہیں بلکہ لازم وملزوم ہیں۔ ان نظموں میں بہت زیادہ سنجیدگی اور گہرائی کی توقع بے سود ہوگی کیونکہ زندگی میں سنجیدگی اور گہرائی کے پہلو ہلکی پھلکی چیزوں سے زیادہ نمایاں نہیں۔ چنانچہ یہ نظمیں بھی زندگی کے ہلکے پھلکے پہلوؤں سے متعلق ہیں۔ اور اس لئے ہر فرد کی دلچسپی کا باعث بن سکتی ہیں۔

تکنیک اور فن کے اعتبار سے جیسا کہ پہلے بھی اشارہ کیا جا چکا ہے۔ یہ نظمیں ایک تجربے کی حیثیت رکھتی ہیں اس لئے اگر کوئی کہیں کہیں کوئی ان کے تکنیک سے اختلاف بھی کرے، لیکن ان کی تجرباتی اہمیت سے چشم پوشی نہیں کر سکتا۔ ان نظموں کی تکنیک میں چینی اور جاپانی نظموں کی خصوصیات کا بھی کہیں کہیں پتہ چلتا ہے۔ بہت ممکن ہے عظیم قریشی صاحب نے یہ اثر براہ راست شعوری طور پر قبول کیا ہو۔ یا بالکل غیر شعوری طور پر یہ اثرات ان نظموں میں بھی آ گئے ہوں۔ جو صورت بھی ہو یہ اثرات ان میں موجود ہیں بعض نظموں میں حد سے زیادہ اختصار اور ساتھ ہی ساتھ ایک خاص طرح کی رمزیت کا جو خیال رکھا گیا ہے۔ اس سے یہ حقیقت پوری طرح واضح ہو جاتی ہے۔ مواد اور ہیئت دونوں اعتبار سے اس خصوصیت کا احساس ان نظموں میں ہوتا ہے۔

عظیم قریشی صاحب کے کردار میں بے باکی، برجستگی اور زندہ دلی کی خصوصیات کسی نہ کسی حد تک

ضرور پائی جاتی ہے۔ اس کا اثر اُن کے فن پر بھی پڑا ہے۔ چنانچہ اسی وجہ سے انہوں نے ہیئت اور فن سے زیادہ مواد اور موضوع کی طرف توجہ کی ہے۔ شاید وُہ اِسی کے قائل ہیں۔ نتیجہ اس کا یہ ہے کہ موضوع اور مواد کی طرف اُن کی غیر معمولی توجہ نے اظہار، طرزِ ادا اور پیرایۂ بیان کو کسی نہ کسی حد تک ضرور ان کی نظروں سے اوجھل کر دیا ہے۔ اور ان نظموں میں کہیں کہیں اس قسم کی فروگذاشتیں پیدا ہو گئی ہیں۔ لیکن یہ کوئی عجیب بات نہیں کیونکہ آج بعضوں کے نزدیک موضوع کی طرف توجہ کرنے کا زمانہ ہے۔ ادب و شعر میں فنی اور جمالیاتی پہلو کی اہمیت ثانوی ہے۔ بہت ممکن ہے عظیم قریشی صاحب اِسی نظریے کے قائل ہوں۔ یہ نظمیں پڑھنے سے تعلق رکھتی ہیں۔ خاص دلچسپی کا سامان ان میں موجود ہے۔ ان کو پڑھنے کے بعد مصنّف کی شخصیت کا پُوری طرح اندازہ ہو سکتا ہے۔"

(ڈاکٹر) عبادت بریلوی

ایم اے، پی ایچ ڈی

لیکچرار شعبۂ اُردو

اورینٹل کالج لاہور

آج کے نغمے

میں نے دیکھا مرے اشعار سے کھیلا جبریلؑ

بارہا روح کے ہر تار سے کھیلا جبریلؑ

حسینؓ ابنِ علیؓ

مرگ سے کھیلا
ایک تاثر
خنداں خنداں
شاداں شاداں
دُور کھڑی ہے فطرت حیراں
ششدر گیتی
گُم سُم یزداں
اور بشر سے اب کیا ہوتا؟

دوام میرا ہے

وُہ اِک خُمارِ دِلستاں
وُہ اِک شرارِ گُل فشاں

حسیں حسیں، حزیں حزیں
حزیں حزیں، حسیں حسیں

تجھے تو شام دے گیا
مجھے دوام دے گیا

خُدا

فن کی سوچ جہاں تک اُبھرے
جتنی سُلجھے
اُتنی اُلجھے
اور اُلجھ کر بنتی جائے
مبہم مبہم سی اِک عِلّت
ایک کہانی ایک بُجھارت
فن کی سوچ کہاں تک اُبھرے
جتنی سُلجھے
اُتنی اُلجھے

عقیدت

کہیں چھپتا ہے محبت کا سرودِ شیریں
میں نے احساس میں معصوم شرارے دیکھے
کئی مانوس نواؤں کے اشارے دیکھے
میں نے دیکھا مرے اشعار سے کھیلا جبریلؑ
بربطِ روح کے ہر تار سے کھیلا جبریلؑ
کبھی حوروں نے کبھی آ کے ارم نے چوما
مرے شہ کار کو سقراط کے غم نے چوما
تلخ پھولوں کے ہر اک ناز سے ہٹ کر سوئی
مری تخییل فلاطوں سے لپٹ کر سوئی
ذہنِ خیام کا ہر راگ مرا راز بنا
قلبِ غالبؔ مرے افکار کی آواز بنا
کہیں چھپتا ہے محبت کا سرودِ شیریں

اِقبالؒ

ساحِل ٹوٹے
موجیں بکھریں
محمل لرزے
صُبحیں نکھریں
ایک مسیحا
ہر سُو پرّاں
کبھی وُہ اِنساں
کبھی ہے یزداں

شاعر اور عورت

دلِ شاعر تھکا محبت سے

اُس کے سینے میں جذبۂ اُلفت
اُبھرا اور مٹ کے رہ گیا جیسے

گُل رنگیں میں نکہتِ دلکش
چند لمحے قرار پاتی ہے

عشق رو رو کے ہو گیا خاموش

حسن پیدا ہوا محبت سے

ایک عورت کے دل میں اُلفت بھی
ختم ہوتی ہے اس طرح مٹ کے

جیسے تاروں میں چند لمحے فنا
زندگی کے ترانے گاتی ہے

حسن ظلمت میں ہو گیا رُوپوش

ریت اَور انگڑائی

حُسن کا جُرم محبت نے چھپایا آخر
حُسن حوّا کی جبیں کا
ہے ڈھلکتا آنسو
حُسن ہے باغِ عدن
ناگ کی پہلی پھبن
ناگ کو ریت کے ذرّوں نے سُلایا آخر

بہترین موضوع

ترے ہونٹوں ہی سے سیکھی ہے ریاضی میں نے
مرے افکار کے ہر درد کی تمثیل ہے تو
ترے ہر عضو میں رقصاں ہے شعورِ ابلیس
مثلِ آدم ترے انداز ہیں باغی سارے
تری گفتار کی ہر لے میں نوائے مزدور
کوئی نغمہ ہی نہیں تجھ سا سمجھ لوں جس کو
لاکھ سوچا ہے مگر کوئی شبستاں نہ مِلا
تجھ سے بہتر تو مجھے کوئی بھی عنواں نہ مِلا

دوگانہ

عورت۔ جو بالوں سے میرے اُلجھتا رہا
غمِ عشق سے وُہ نکھرتا رہا

مرد ـــــ خرد کا سفینہ بھی پامال ہے
بہارِ نفس کا عجب حال ہے

عورت۔ مرا ساز لے اور اِرم بن کے اُڑ
ہواؤں میں شیریں سارم بن کے اُڑ

مرد ـــــ محبت کا شیریں شرر مِل گیا
ہوس تھرتھرائی جگر ہِل گیا

عورت۔ ترنّم سے لبریز غنچہ نہیں
جو رونا محبت کا شیوہ نہیں

اختر شیرانی

اپنی رفعت میں چھپائے ہوئے صدہا نغمے
زندگی ایک نگیں
شام سے بھی ہے حسیں
کتنی صُبحوں سے اُجاگر ہوا اِک نقشِ جمیل
جس کی تخئیل نے بخشا تھا بہاروں کو دوام
جس نے پھُولوں کے تبسّم کو حرارت سونپی
مرگ آواز کا سایا ہے کہ آواز بھی ہے
عشق شاعر کے ترنّم کا حسیں راز بھی ہے

میری محبوبہ

مرے عشق کا سب سے رنگیں گداز
اُس کی آنکھوں میں ہے
مری رُوح کی سب سے شیریں تھکن
اُس کے ہونٹوں میں ہے
وُہ اِک حُور ہے
جس سے شرمائیں پھُولوں کے نازک سے دل
فرشتوں کی مانند معصوم ہے اُس کا رُوئے حسیں
وُہ اِک نُور ہے
جس سے کرتا ہے یہ سارا غمگیں جہاں
اِکتسابِ طرب

ایک مختصر نظم

یہاں پھول تھے اور وہاں پھول تھے

مگر چاند نے سب کے سب کھا لئے

ایک شعر!

پھولوں کی نس نس میں بسا کے

نغمے کی پہچان لئے ہے

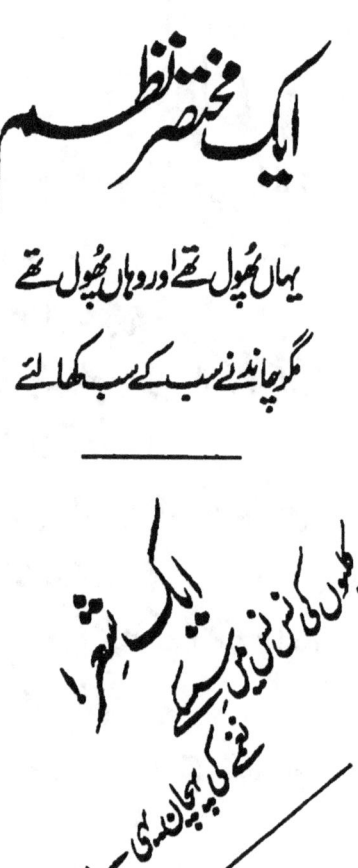

ماں

وُہ ساز کہ جس ساز کے تاروں میں نہاں ہو
اِک نغمۂ رنگیں
پھُولوں سے بھی خوشتر
خوشبوئے معطر کہ دل و جاں کو جو بخشے
کیفیتِ دِلکش
دل جس کا ہے عکسِ رُخِ حُورانِ بہشتی
بھرپُور وفا سے
ہیں جس کی محبت کے درخشندہ ستارے
معصُوم فسانے
فِطرت نے ہے بھیجا جسے شہ کار بنا کر
بے کیف جہاں میں

لاشعُور

شرار سی تپاں تپاں

نگار سی جواں جواں

خمار سی رواں رواں

کرن مہک کے سو گئی

بہشت تھی جو کھو گئی

گمُنامی

اِس کا نغمہ ہے ابد تک کے لئے

مرگ کی طرح سے بے نام ہے اس کی ہستی

مثلِ مہتاب خراماں ہے ازل سے اب تک

اِک تجسّس ہے ہیولوں سے شرر بار ہے یہ

اپنی تخلیقِ گریزاں کی پرستار ہے یہ

اِس کا نغمہ ہے ابد تک کے لئے

مرگ کی طرح سے بے نام ہے اس کی ہستی

مثلِ مہتاب خراماں ہے ازل سے اب تک

―――――

تاج

امر دھرتی فلک سے بولا
میرے تبسم ہی نے پہلے
تاج کا زرّیں محل پیدا ہوا

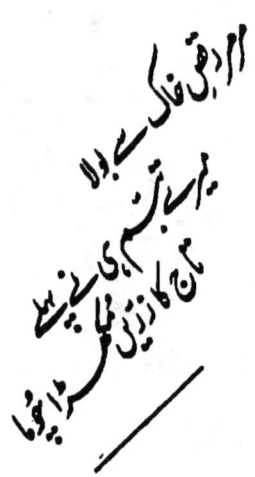

نابغہ

رازِ گلستاں
کچھ تو ہے اِس کا
کچھ ہے خُدا کا
سازِ دبستاں
کچھ تو ہے اِس کا
کچھ ہے خُدا کا
کام کا رسیا
نازِ اِرم ہے
تراں سا رم ہے
پھولوں کا غم ہے

تلخابہ

قسم ہے تجھے اپنے اُن آنسوؤں کی
اُن ہی آنسوؤں کی
ترنم سے جن کے
بہلتی ہیں میری
جوانی کی شامیں
محبت کی تلخی بہت بڑھ گئی ہے
گھٹاؤں کی پریوں نے
ایوانِ دل کو
سُلایا ہے آغوشِ مرگِ الم میں
مری بے بسی اب فزوں تر ہوئی ہے

گذشتہ مسرت کے در ہائے رنگیں
مِری التجاؤں سے پھر باز کردے
مِرے عشقِ رُسوا کو اِک راز کردے

دو شہ کار

اُس کی آنکھوں سے گِرا تھا آنسو
میرے افکار نے چُوما جِس کو
اُس کے ہونٹوں سے بہا تھا نغمہ
میرے اشعار نے پُوجا جِس کو
قیدِ تخئیل میں یہ دونوں سمائے ہی نہیں
یہ بھی شہ کار مِرا تھا وُہ بھی شہ کار مِرا

کچھ اور مختصر نظمیں......

شاعِر

رُوحِ یزداں نے بھی چُوما ہے کئی بار اِسے

مذہب

ایک اِحساس ستاروں نے بھی چُوما جِس کو

فلسفہ

عِلم کی گود میں بیدار ستاروں کا خرام

نیا ادب

اِک پری نُور کی، افکار کی اُجلی دیوی

سروش

مری تخئیل پہ ابہام سا بن کر چھایا

جلاوطن

جو تُو نے یہ وُسعت مِری چھُو بھی لی
مِرا راز تجھ تک نہ پہنچا کبھی

مِرا راز صبحِ وطن کا سُرُود
مِرا راز یکسر شبستانِ نُور

جو شعلہ ہے دل میں وہ بے باک ہے
جگر کا لہو میں سرا نم ناک ہے

کہیں تو نہیں پاکس تارے بھی ہیں
مِرے ساتھ غیبی اثارے بھی ہیں

پیاموں کی ڈولہن اُبھرتی رہی
مری موت نغمے اُگلتی رہی

میراجی

بشر کی صبح و شام کا خمار تک رقیق ہے
فشار ہی سُراغ ہے فشار ہی رفیق ہے
.........ازل سے یہ طریق ہے

یہ جستجو نجات ہے یہ جستجو دوام ہے
جو پاش پاش ہو رہے وہی سبُو دوام ہے
.........وہی سبُو عقیق ہے

نفس کا تار ٹوٹ کر فضا کا راگ بن گیا
حیات اور ممات کی حسین آگ بن گیا
.........اثر ہی بس عمیق ہے

نرس

جذبۂ ترک سے پیدا یہ حسیں نام ہوا
محبت روح کا پیغام ہے یہ
کتنا حسیں نام ہے یہ

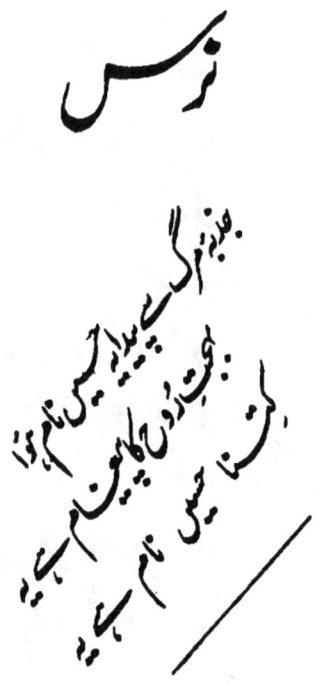

دِق

پھر خمارِ بدن نے لی، ہچکی
نغمگی ناز سے لپٹتی رہی
ہیرا پتھر سے کیوں جُدا نہ ہوا
زندگی سرو کا فشار سہی
لرزاں لرزاں سی رہگذار سہی
چاند غم میں بھی مُسکراتا رہا
کرب، چیخیں، فرارِ فطری ہے
جِسم فانی، خُمارِ فطری ہے
قہقہہ رُوئے نعش سے نہ گیا

مشابہت

ایک کلی تھی اُجلی اُجلی
اپنے ناز پہ آپ ہی شیدا

ایک کلی تھی میلی میلی
اپنے راز کا شیریں سپنا

اُجلے پن میں مَیل سمائی
موتیے نے بھی اب مات ہے کھائی

پسپائی

تُو نے جانا کہ محبت ہے فقط ایک جمود
جس میں نکہت ہے نہ لَو ہے نہ ترنّم نہ سرود
ایک مایوس تخیّل ہی تو ہے جس کی نمود
تو نے احساس کو موہوم اشارا سمجھا

خلشِ عشق جنوں ہی کی تگ و تاز نہ تھی
ایک مبہم سی کرن چاند کا اِک راز نہ تھی
زخمۂ غم سے لرزتا ہوا اِک ساز نہ تھی
شعلۂ قلب کو بجھتا سا شرارہ سمجھا

مریمی راز کی عفّت بھی سنبھالی نہ گئی
اپنے جذبات کی نصرت بھی سنبھالی نہ گئی
تجھ سے حُوروں کی امانت بھی سنبھالی نہ گئی
تو نے تقدیس کو بے کیف ستارہ سمجھا

ایک نظم

حُسن ہمیشہ جنستا ہے

نغمے نغمے

غنچے غنچے

راز ہمیشہ چُھپتا ہے

نوحے نوحے

نالے نالے

دوہے

(۱)

نینوں سے میں نیر بہاؤں تارے بن بن جائیں
جی سے بھولوں جتنا ان کو پیارے بن بن جائیں

(۲)

اڑتی چڑیا گاتے گاتے جگ کو یوں سمجھائے
پیا کا ہر پل میری ناداں کوئی نہ بیت اکارے

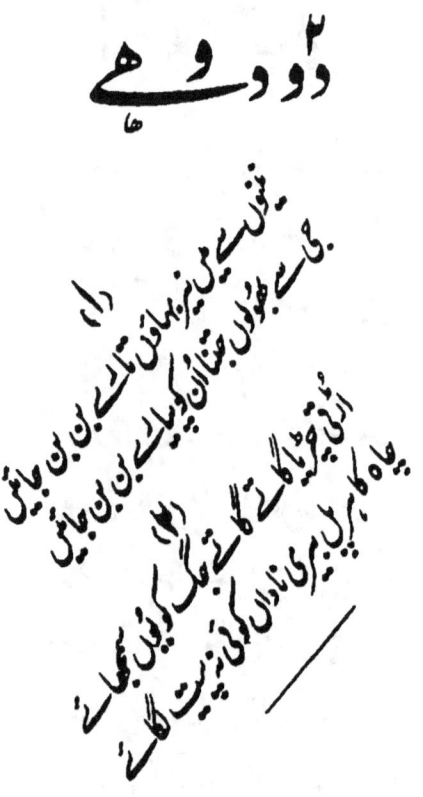

آدم کا شکوہ

تڑپ رہی ہے مری رُوح ایک لَے کے لئے
اُداس رہتا ہوں میں زندگی کی مَے کے لئے
مرے لئے تو جہاں میں قرار تک بھی نہیں
عجیب دُنیا ہے جس میں بہار تک بھی نہیں
اُبھرتا رہتا ہے ہر دم خیال کا نغمہ
کہاں سے لاؤں میں پہلے جمال کا نغمہ
شرر فشاں تمام آشیاں جہاں میں تھا
سرور بخش تھا وہ گلستاں جہاں میں تھا
بہشت چھوڑ کے اپنی کشاں کشاں پہنچا
مری خطا تھی کہ میں زیرِ آسماں پہنچا

غمِ حیات کا رنگیں سرُور تک نالاں
یہ تیرا دہر ہے جس میں شعور تک نالاں
زبُون حال ہے کتنا یہ جنّتوں کا مکیں
یہاں نہ حسُن کی زینت نہ عشق کی تزئیں
چھپا کے لایا تھا دِل میں ہَیں کائنات کا غم
مجھے رُلاتا ہے ارزانیِ حیات کا غم
ہیں رمز شناسیِٔ تقدیس کے شرار سے دُور
یہاں کے لوگ ہیں رنگینیِ وقار سے دُور
تری حسین سی تخلیق کا ظہور ہے کیا
اِنہیں خبر ہی نہیں آدمی کا نور ہے کیا
وُہ ارضِ پاک بھی تیری یہ خاکداں بھی ترا
فضائے دہر کا ہر ذرّہ رازداں بھی ترا

سِسکتا رہتا ہُوں ہر لحظہ میں اثر کے لئے
ترس گیا ہُوں محبت کی اِک نظر کے لئے

ازل کا راگ بھی میں ہی ابد کی شام ہُوں میں
ترا ہی نقش ہوں یہ رائگاں حرام ہُوں میں

مری فغاں کو سرورِ بہار بھی ملتا
جو دِل دیا تھا مجھے پھر قرار بھی ملتا

نظر میں قلب میں وارفتگی ہے اور میں ہوں
عجیب طرح کی اِک تشنگی ہے اور میں ہُوں

اُداس رکھتا ہے مجھ کو قرار کا نغمہ
ہے میری زیست میں رقصاں فرار کا نغمہ

صدائے درد سے معمور ہے یہ دل کا جہاں
مجھے تو راس نہیں ہے یہ آب و گِل کا جہاں

سُنے تو کون سُنے نالۂ تپاں میرا
نہ کوئی دوست مِرا ہے نہ راز داں میرا
مری نمود سے روشن ہے نام بھی تیرا
کہ تیرا راز بھی ہُوں میں پیام بھی تیرا
مجھے تو کھویا ہُوا اوّلیں نگیں دے دے
مری حیات کا وُہ نالۂ حزیں دے دے

بچّے کا گیت

تاروں سے میں کرنیں چھینوں
چاند سے اُس کا گیت
آرے چاند تُو آ کر لے لے مجھ سے اپنا گیت
باغوں سے میں کلیاں چھینوں
پھول سے اُس کی باس
آرے پھول تو آ کر لے لے مجھ سے اپنی باس
کوئل سے میں کُوکُو چھینوں
اور کوئل کا ناچ
آری کوئل آ کر لے لے مجھ سے اپنا ناچ

کل کے شُعلے

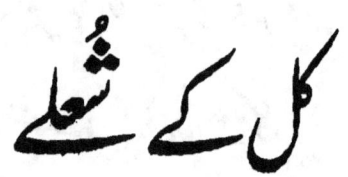

وقت نغمہ ہی نہیں، گرمیِ افکار بھی ہے
اِس میں شُعلوں کی نوا، لذّتِ پیکار بھی ہے

لینن

رُوس میں گرجا
برسوں پہلے
مثلِ ضیغم
ایک مفکّر
جِس کے لب پر
ایک تھا شکوہ
نوعِ اِنساں
جِس کے لب پر
ایک تھا نوحہ
نوعِ اِنساں
جِس کے لب پر
ایک تھا نغمہ ــــ نوعِ انساں

تفاوت

اچّھے اچّھے
نِکھرے نِکھرے
تارے تارے
.... تیرے

میلے میلے
چُبھتے چُبھتے
کانٹے کانٹے

.... میرے

دوگانہ

مرد   مجھے تو وُہی راس ہے گلستاں
کہ بُوئے غلامی نہ آئے جہاں

عورت   محبت سے ملتی ہے باغی نظر
محبت بہاروں کا شیریں اثر

مرد   ہے نجمِ فلک بھی مرا رازداں
جوانی مِری بن گئی اِمتحاں

عورت   جو گیتوں میں باغی شرارے نہیں
فقط گیت ہیں وُہ ستارے نہیں

مرد   بغاوت کے نغمے مری جان ہیں
مری جان کیا بلکہ ایمان ہیں

عورت وُہ شامِ خراماں بہت دُور ہے
نہاں جس میں خورشید کا نور ہے
مرد نئے دَور کی بس یہی ہے جھلک
جو اُجلی زمیں ہو تو تاباں فلک
عورت ہیں مزدُور کی جب نوائیں بھی چُپ
مری چھاگلوں کی صدائیں بھی چُپ
مرد وُہ نظمِ جہاں ہے بہت ہی قریب
ستاروں سا چمکے گا اپنا نصیب
عورت بہاروں نے دیکھو بجایا بگل
غزل کے سبُو سے بھی آ گئے نِکل

ارتقاء

یہ صُبح و شام، اُجالوں کی تابناک کرن
یہ لاشعور کے دھندلے سے راز تھے پہلے
فسونِ مہر، یہ لمحات کا سرودِ خموش!
کسی خلاء کے معلق سے سانس تھے پہلے

نوائے وقت، تو تاریخ کے نقوش کی ضو
کسی فضائے خراماں کا اِک ستارہ تھی
ہبوطِ آدم و آواز کی فضائے بسیط
نگاہِ اژدر و عفریت کا اِشارہ تھی

بنا کہاں تھا ترنم، یہ جدتوں کا لہو
فنون و شعر پہ چھائی تھی بے بسی کی ترنگ

دہکتا شعلہ ابھی جنس کا وجود نہ تھا
نمو کا ایک شرارہ تھی زندگی کی اُمنگ
خرد کا شوخ تجسس جمود تھا یکسر
سجودِ عشق تھا ارزاں فقط یقیں ہی نہ تھا
خیال و وہم کا نغمہ تھا ارتقائے نفس!
تباہ حال تھا انساں فقط حزیں ہی نہ تھا

کئی نشیب سے گذرا ہے فکرِ انسانی
زبان و دل کو ستاروں سا پھر یہ نور ملا
ضمیرِ آدمِ خاکی نے لاکھوں کرب سہے
فغانِ قلب سے دہقاں کو پھر شعور ملا

خُون

یہ نہ ہو حُسن کا جادُو ہے مسلسل غمناک
خُون ہی سے تو چمکتی ہے شعاعِ ادراک

اس کے غازے ہی سے مہکی ہے جبینِ فطرت
یہی دیتا ہے جوانی کو پیامِ عشرت

عالمِ خاک کا پُر جوش تغیر اس سے
قلبِ شاعر کا جنوں خیز تحیر اس سے

نئے انسان کی تعمیر اسی سے ہو گی
اپنی بدلی ہوئی تقدیر اسی سے ہو گی

بدلتے رُجحان

دھوکے کھائے رُوح نے اکثر
رُوح نے دھوکے کھائے
چاند کو میں نے چاند ہی سمجھا
چاند نہیں وُہ ذرّہ ہے
پھُول کو میں نے پھُول ہی جانا
پھُول نہیں وُہ کانٹا ہے
گھنی گھنی سی تاباں زلفیں
یونہی سے کچھ سائے ہیں
گول گول سے شاداں چہرے
نُور کے باطل سپنے ہیں
دھوکے کھائے رُوح نے اکثر
رُوح نے دھوکے کھائے

ایٹم

اور ابلیس کی توہین کرو
اور ابلیس کی توہین کرو
اور ابلیس کی توہین کرو

یہ بھی تخلیق کے نغمات کا خالق ٹھہرا
یہ بھی بیتاب ہے بے چین ہے مثلِ یزداں
یہ بھی مختار ہے قادر ہے جہانبان ہے یہ

یہ ہے اک نارِ رواں
نارِ رواں
نارِ رواں

اور ابلیس کی توہین کرو
اور ابلیس کی توہین کرو
اور ابلیس کی توہین کرو

آدم اب بے باک ہُوا ہے

اب یہ نڈر چالاک ہوا ہے
اور خودی میں تاک ہوا ہے
شعلہ ساں نمناک ہوا ہے
آدم اب بے باک ہوا ہے

تاروں کی آواز بنا ہے
یزداں کا ہمراز بنا ہے
ایک بگولہ ساز بنا ہے
آدم اب بے باک ہوا ہے

اب یہ نورِ محفل ہوگا
دریا ہوگا، ساحل ہوگا
روحِ فردا حاصل ہوگا
آدم اب بے باک ہوا ہے

میرے فن کارا

میرے فن کار! قلم سے ترے اُٹھا ہے دُھواں
میرے فن کار! ہوئی تیری تمنّا بھی جواں
میرے فن کار! نہیں اب کوئی مانوسِ فغاں
اب تجھے یاس کے نغموں کو ہنسانا آیا

ابنِ آدم کے تو ہر درد کی لَے جان گیا
مسیح دے کا رہے افسانۂ کے جان گیا
قیمتِ شعلگیِ بربط و نے جان گیا
اب جو رُوٹھے ہیں صنم اُن کو منانا آیا

اب ترِی آنکھ میں دہقاں سے حسیں کوئی نہیں
ماسوا اِس کے اِس عالم میں نگیں کوئی نہیں
اور ترے دیس سے پیاری بھی زمیں کوئی نہیں
کربِ اِنساں کو بہ ہر طور سجانا آیا

پرولتاری!

چیخ اِک

دبی دبی

ڈری ڈری

رُکی رُکی

وہ اب سُہاگ بن گئی

ازل کی آگ بن گئی

ابد کا راگ بن گئی

ایک شعر!

گلشن گلشن شعلے بھڑکے

خرمن خرمن آگ لگی ہے